백비白碑 앞에서

정선현대시조

05

백비 앞에서

노중석 시조집

동학사

시인의 말

내 고향 창녕

내가 태어난 곳은 경남 창녕군 대지면 석리(석동)라는 작은 시골 마을이다. 동쪽을 바라보면 해와 달을 토해내는 화왕산이 우뚝 솟아있고 서쪽에는 수많은 수중 생물들을 기르고 온갖 새들에게 안식처를 제공해 주는 우포늪이 나직이 엎드려 있다. 마을 앞에는 어물리들이라는 기름지고 넓은 들판이 펼쳐져 있고 그 들판 한쪽 모서리를 적시며 토평천이 지줄대며 흘러가고 있다.

이곳에는 선사시대부터 사람이 살았다 하는데 삼국시대 초기에는 비화가야의 영역이었다. 신라의 세력이 확장됨에 따라 진흥왕이 척경비를 세운 6세기 중엽부터 이곳은 신라의 영토가 되었다. 그 후 신라의 군사 요충지로 당시의 유적이 곳곳에 남아 있어 경남의 경주 혹은 소경주라 불리운다.

나는 중학교를 졸업할 때까지 이곳 고향에서 살았는데 어릴 적 소박한 꿈을 키워준 것은 고향의 따뜻한 햇살과 맑은 바람 그리고 이웃들의 훈훈한 인정이었다. 따뜻한 봄 햇살은 화왕산의 진달래꽃을 지천으로 피어나게 하고 그 꽃향기를 토평천에 실어 우포늪으로 보낸다. 우포늪은 비로소 긴 겨울잠에서 깨어나 가래, 생이가래, 마름, 부들 등 수초들을 불러내고 가시연꽃이 맷방석 만한 잎을 펼치기 시작한다.

우포늪은 1962년 '창녕 백조 도래지'라는 이름의 천연기념물로 지정되었지만 1973년 찾아오는 백조의 수가 줄어든다는 것을 이유로 천연기념물에서 해지되는 우여곡절을 겪었다. 그러나 다행스럽게도 2011년에 문화재청은 창녕 우포늪 천연보호구역을 천연기념물로 다시 지정하였다.

임진왜란 때 곽재우 장군과 의병들이 왜군을 물리치던 기상을 아직도 간직하고 있는 화왕산은 그 푸른 자락으로 도삼절이라는 조그마한 암자 하나를 품고 있다. 지금도 초등학교 시절 소풍을 가서 땀을 식히며 점심을 먹던 기억이 생생하다. 점심을 먹고 모여앉아 함께 부

르던 노래 한 소절쯤은 아직도 산골짝 어딘가를 떠돌고 있을 것만 같다.

내 추억의 배경일 뿐만 아니라 그리움의 대상인 아름다운 산천은 이 세상 어떤 명승지보다 아름다운 곳이다. 고향에 가면 따오기의 울음소리도 들을 수 있을 것 같다.

누가 "호마胡馬는 언제나 북쪽 바람을 향해서 서고 월越나라에서 온 새는 나무에 앉아도 남쪽을 향한 가지를 골라 앉는다胡馬依北風 越鳥巢南枝"고 했던가. 오늘도 먼 남쪽 하늘을 한참 동안 바라보았다.

2024년 여름
산시방散詩房에서
노 중 석

| 차례 |

1

직지천의 봄

2

아침 들판

3

혼자 가는 길

4

동구 밖 느티나무

5
옛 벼루를 어루만지며

1
직지천의 봄

범종梵鐘 소리

산그늘 앉았던 자리 찬바람 지나가고
깔리는 어둠 속을 수숫대 서걱인다
허공에 묻어둔 말씀 귀 기울여 듣는 시간

길 건너 아파트 창에 머물다 가는 석양
저문 해의 마지막 달력을 떼어내고
구겨진 깊은 산속에 눈이 내려 쌓인다

아직 개봉되지 않은 저 순수한 풍경 속에
꽃향기며 새소리며 수繡를 놓고 있는 손길
은은한 범종 소리만 이 적막을 건너간다

침묵의 말씀

깊고 깊은 지리산 인간 세상 등진 골짜기
흐르는 맑은 물에 바위가 귀를 씻는다
물소리 산을 흔들어도 말 한마디 없다

욕심에 오염된 물 어찌 입을 더럽히랴
상류로 올라가서 맑은 물을 마시는 바위
봄이 와 꽃 잔치를 벌여도 일어설 줄 모른다

물속에 자맥질 한 돌, 발목만 적시는 돌
칠선七仙계곡 굽이굽이 바위 곁에 모여들어
큰 바위 침묵의 말씀 귀 기울여 듣는다

허공

까마득히 먼 하늘
어디엔가 숨었다가

온몸이 부서져
함박눈 내리는 날도

새의 길
바람의 길을
다시 걸어 놓았네

풍경

말이 없는 허공으로 나무들은 손 내밀고

하늘은 푸른 마음을 한정 없이 풀어내나

영롱한 바람의 눈동자 풀잎 위에 올려놓고

팽이광대

한쪽
발이 없어도
두 팔이
모두 없어도

모진
채찍질에
온몸으로 춤을 춘다

빙판에
맨발로 서서
무지개 꽃 피운다

외출

꼭꼭 잠긴 문을 흔들다 가는 바람
말이 없는 책들은 생각에 잠겨 있고
적막은 초침 소리를 헤며 구들목을 지킨다

밤마다 달빛 한 자락 야경 돌듯 다녀가고
어제 흔들리던 가지 오늘 또 흔들린다
먼 산의 뻐꾸기 소리 하염없이 쌓이는데

질문

\- 나무부처님께

부처님 부처님 어디에 숨었습니까
옷자락도 보이지 않게 나무속에 숨었습니까
그 무슨 죄값이기에 칼을 맞고 계십니까

부처님 부처님 어디로 가십니까
아득한 윤회의 길 나무속을 지납니까
입가의 잔잔한 미소 깨달은 이 찾습니까

부처님 부처님 어떤 인연 기다리십니까
아직도 묵언수행 끝나지 않았습니까
어둠을 다 밝힌 뒤에야 연좌蓮座 위에 오르십니까

묵죽도 墨竹圖

발 디딜 땅이 없어 살얼음판 걷던 시절
신들린 붓놀림에 풀어낸 한 폭 풍경
아직도 병풍 속에는 칼바람이 불고 있나

외로이 등불을 켜도 창밖에는 짙은 어둠
뼈를 깎는 아픔이라도 운명인 양 짊어지고
청아한 거문고 소리 새벽빛을 받았거니

눈을 감고 먹을 갈면 흥건하게 고이는 울분
사무치는 외로움 마디마디 채워 넣고
황량한 들판을 적시던 꽃보다도 붉은 생애

저녁놀

밤낮으로 정을 맞고 돌부처가 된 사내
불꽃 튀던 비명소리 바람결에 떠도는가
노을 속 나무들이 떨며 귀를 막고 서 있다

허리 꺾인 그림자 담벼락에 기대서고
봄이 오고 봄이 가도 아물지 않는 상처
해 기운 서녘 하늘에 핏빛으로 번진다

외로운 섬에 와서 부릴 곳을 찾던 울분
발자국 소리도 없이 어둠이 다가서도
만릿길 따라온 조각달 수평선 위에 빛난다

직지천의 봄

솔방울 줍던 아이 꽃씨를 따던 아이
아스라이 멀어져 간 텅 빈 동구 밖에
직지천 지즐대는 물소리 옛이야기 풀어낸다

새날이 너무 밝아 눈이 부셔 눈 못 뜨는
꽃사태 진 산과 들은 날아오를 것만 같은데
두둥실 내 마음이 먼저 하늘 높이 떠오른다

오솔길 하나씩 끌고 산모롱이 돌고 돌아
직지사 암자들이 둥지 튼 황악산 자락
오늘도 솔바람 소리 떠날 줄을 모른다

파적破寂

배 한 척을 낚아채고 물귀신이 사라진다
수많은 꽃송이들 지고 있는 푸른 바다
다급한 흰 구름 한 조각 물속 깊이 뛰어든다

거룩한 손길로도 잠재울 수 없는 슬픔
봄이 오는 길목마다 처절하게 끼어들고
훈풍에 멱 감던 꽃가지들 우두커니 쳐다본다

백비白碑 앞에서

한 획 한 글자도 새겨 넣기 두려워서

아득한 세월 속에 비문碑文 없이 세운 비석

돌 속에 숨은 글자가 침묵으로 웅변하네

지극히 청백한 삶 누累가 될까 염려하여

산새들은 이곳에 와 맑고 곱게 노래하고

달빛은 말없이 앉았다 흔적 없이 떠나가네

벼랑 끝 소나무

까마득한 저 하늘
벼랑 끝에 서 있지만

피곤한 조각달
쉴 자리 내어주고

바람이 가야 할 길을
손끝으로 가리키네

선인장

가시 옷을 입고 너는

누구를 기다리나

모래바람만 오고 가는

사막의 한 모서리

저무는 서녘 하늘을

핏빛으로 물들이나

백로白鷺의 길

그리움이 오고 가던 꿈속의 먼 나라
아득한 허공을 가르며 백로는 날개를 펴고
이 땅과 하늘을 잇는 또 한 길을 내고 있다

별들의 속삭임이 다정하게 들리는데
먼 추억 되살리며 건너가는 긴긴밤
지금도 외다리로 서서 꿈에 젖어 있느냐

연꽃

눈이 부셔
눈 못 뜨는 순간
한 발
한 발
다가오나

연분홍 꿈 길어 올리는
손길이 바빠지고

맑고도
은은한 향기
하늘가에 번진다

2

아침 들판

별과 나무

오늘 밤도 별들은 잠들지 못합니다
발을 헛디디어 미끄러지기도 합니다
어둠에 붙잡힌 별들은 눈만 깜박거립니다

앉아서 기다릴 수 없는 나무들이 있습니다
보채는 바람을 업고 동구 밖에 나와 서서
수많은 별들을 이고 새벽까지 갑니다

봄날의 적막

사방을 두리번거리며 풀꽃들은 말이 없고

나뭇가지 흔드는 바람 질문은 끝이 없네

초가집 돌담 아래는 새 봄빛이 쌓이는데

수련 2

지난해 꽃 피웠다
깊은 잠에 빠진 수련
노랑꽃 한 송이를 데리고
다시 찾아왔습니다
아득히 먼 길을 돌아 이 연못에 왔습니다

해가 지기 전에
먼저 잠이 드는 꽃
세상을 밝히려고
엄동설한 건넜습니다
그래도 용궁이 그리운지 또 물속으로 사라집니다

비둘기 발자국

얼어붙은 맨발로 눈밭을 걸어가는 비둘기
그 작은 비둘기를 따라가는 발자국들
누군가 백지 위에 받아낸
시린 삶의 탁본 두 줄

갑자기 비둘기가 하늘로 날아오른다
허공을 쳐다보며 멈춰 선 발자국들
한 줄기 바람이 와서
깊은 뜻을 읽고 간다

산책길 단상

흙탕물 같은 하루
흘러가는 강 언덕에

달맞이꽃 몇 송이
무슨 비밀 속삭이나

하늘엔
초승달이 나와서
귀 기울여 듣고 있네

청동거인*

피고 지는 생각들을 밤낮으로 되새기며

반쯤 감은 눈으로 먼 하늘 바라본다

산천을 뒤흔드는 범종 소리 온몸으로 들으며

* 청동으로 만들어진 좌상 조각 작품

불면의 밤

펄펄 날리는 꽃잎
눈이 되어 내리는데

덮어도 덮어도
덮을 수 없는 적막

누군가
잠 못 이루는 밤을
더듬더듬 건너간다

제주한란

한라산 남쪽 기슭 인적 드문 골짜기
누구를 기다리나 몸맵시 날렵한 한란
휘어진 잎새를 따라 길이 하나 열린다

가녀린 꽃대궁에 눈부신 꽃이 피면
반짝이는 겨울바다 귀를 세운 소라고둥
마라도 남쪽 바다에 하마 봄이 오고 있나

수평선 등에 지고 고깃배 돌아오네
뼈에 사무치던 아픔 세월 속에 묻어두고
맑고도 은은한 향기 바람결에 싣는다

청지기

- 청도 운문사 처진 소나무

아무리
하늘이 높아도 고개 쳐들지 않고

아래로
아래로만 가지 벋은 소나무

한평생
청지기로 살며 천년고찰 지킨다

허공 2

구절초 꽃피우며 늦가을 펼쳐 놓고
바람에게 몸을 맡긴 미루나무 잔가지들
수많은 별들을 이고 긴긴밤을 건넌다

기댈 곳 없는 갈잎 나뒹굴며 짓밟혀도
흰 구름 한 조각이 파란 하늘 닦고 있고
아리는 솔바람 소리 조각달이 담아 간다

별

눈물 젖은 그 눈빛

별에 가 닿았는지

밤하늘 꼭대기

별이 하나 반짝인다

가지 끝 바람 한 자락

밤을 새워 울고 있고

갓바위

약 항아리 하나 들고 팔공산 자락에 앉아
풀꽃들 피우면서 오는 손 맞이하네
촛불은 길을 밝히고 향연기도 오르는데…

빌고 간 소원들은 하나하나 이루어지나
풀꽃 향기를 싣고 골바람이 불어오네
눈이 먼 중생의 어깨 위에 쌓여가는 가을 햇볕

초롱꽃

대낮도
칠흑 같아서
불 밝히는 작은 풀꽃

지척을
분간 못 해
걸음조차 못 걷는데

누군가
초롱을 들고
내 앞에 다가선다

아침 들판

풀잎들이 밤새도록 바람을 뒤적이더니

반짝이는 말씀들이 들판에 가득하네

누군가 은하를 끌고 산모롱일 돌아가고

양귀비꽃

구름
비껴 날고
목탁 소리 떨어지던

직지사
대웅전 뜨락에
양귀비꽃 피었다

그 향기
그 고운 빛깔
담아 가라 하는 듯

하늘길

어디로 가야 하나
눈바람이 울고 있네

얼어붙은 겨울 하늘
길을 잃고 떠도는 달

앙상한
나뭇가지들이
붙잡았다 놓아주네

3

혼자 가는 길

별빛으로 오시는 그대

끝없는 허공으로 투명한 길을 열고
끊어질 듯 이어지는 별빛으로 오시는 그대
하늘엔 수많은 별들 긴긴밤을 지샙니다

산모롱이 오솔길은 숲속에 묻혔는데
풀잎을 흔들며 바람으로 오시는 그대
말로는 다 풀어낼 수 없는 그리움만 반짝입니다

수양버들 가지 끝에 연둣빛 휘감기고
발자국 소리도 없이 풀꽃으로 오시는 그대
넘치는 맑은 향기를 바람에다 싣습니다

오직 그대 앞에만 열어둔 문안으로
창공을 건너서 종소리로 오시는 그대
오늘도 그 붉은 서천西天에다 펼쳤습니다

백비白碑 앞에서 2

꽃으로도 그림으로도 담아낼 수 없는 마음
눈부신 햇살 아래 빈 가슴만 내보일 뿐
한 오리 욕심도 아예 발붙일 수 없구나

먼 산 범종 소리 쉬어가는 골짜기
한 마리 작은 산새 찾아와 노래하면
희미한 달빛도 말없이 쓰다듬고 가는구나

외진 길 맨손으로 의연히 홀로서서
은은한 풀꽃향기 가슴에 품어 안고
꿈같이 지나온 내력을 침묵으로 지킨다

혼자 가는 길

태자나무 울타리 옆 좁은 골목길을
버림받은 강아지 한 마리 어디론가 가고 있다
병들어 무거운 다리 짐짝처럼 끌고 간다

놀빛을 품어 안고 강물이 흘러간다
앞서거니 뒤서거니 바람이 따라가고
메꽃들 길가에 나와서 말없이 인사를 한다

팽이 무지개

채찍에 맞으면서도 꼿꼿하게 일어선다

분함이 풀릴 때까지 빠르게 세상을 돌린다

얼굴에 찢어 붙인 색종이로 무지개 한 채 세운다

석별

말없이 떠나가는 강물
강둑길이 따라와서

밤늦도록 손 흔드는
몇 포기 강아지풀

물속에 둥근 달 하나
발걸음이 더디다

녹슨 기차를 보고

- 통일을 기원하며

끊어진 철길 위에 역사는 녹이 슬고
삭아 내린 군화 한 짝 잡초 속에 묻혀있네
두 갈래 시냇물은 모여 강이 되어 흐르는데

올해도 지뢰밭엔 망초꽃만 피었는가
오고 가는 철새 등에 그리움을 싣는 마음
총구를 서로 겨눈 형제 물이 드는 서녘 하늘

두 마음을 뭉치면 하늘도 움직이리
철조망 걷어내고 하나 된 조국 산하
내일은 새봄을 싣고 삼천리를 달려야지

사월 한낮

말발굽 소리도 없이 허공을 달려간 천마天馬
그 길에 벚꽃 살구꽃 꽃구름이 일어나네
화창한 사월 한낮에 봄 내음을 흩어 놓고

직지사 벚꽃길 꽃들의 속삭임을
옥색 하늘 한 자락이 말 없이 듣고 있네
그 길에 누군가 와서 차곡차곡 고요를 쌓고

늦여름 풍경

창밖에 자지러진 쓰르라미 울음소리

누군가 놓쳐 버린 늦여름을 끌고 간다

갈잎은 바람의 길을 더듬더듬 따라가고

제비꽃

보도블록
틈새를 비집고
새봄을 이고 와서

스스로 몸을 낮춰
다가오는 바람에게만

보랏빛
그윽한 향기를
실어주는 제비꽃들

금강산 소견所見

비로봉
일만 이천 봉
발돋움하고 서서
구룡연 그 맑은 물
아낌없이 흘려보낸다
낮에도
초롱을 들고
길을 찾던 늦여름

봉오리는 솟아서
이쪽저쪽 갈라놔도
골짜기 모여든 물
손잡고 흘러간다
전설 속
신선은 어디서
솔바람만 쐏는가

허공 3

태자나무 울타리 맨발로 올라서서

구절초 하얗게 핀 산자락을 바라본다

새소리 물소리를 품고서도 한마디 말이 없네

가진 것 다 내려놓고 첨탑 끝에 매달려서

반짝이는 별을 헤며 밤하늘을 이고 간다

바람에 흔들리는 까치집 살피고 또 살피며

가을 길

운문사 초행길에

마중 나온 감나무들

가지가 휘도록

들고 나온 청도 반시

오솔길

사람은 없고

빈 하늘만 푸르네

이른 아침 풍경

무슨 비밀인가

반가운 소식인가

반짝이는 하늘의 말씀

산과 들이 받아 적었네

한자락 은하를 끌고

또 누군가 지나가고

3월 어느 날

산비탈에 남은 눈 흔적 없이 사라졌네

봄이 오는 길목마다 풀꽃들이 피어나고

바람은 나뭇가지를 흔들며 곤한 잠을 깨운다

전화

짙은 황사에 뒤덮여 저물어 가는 계절

잃어버린 봄을 싣고 섬 하나 돌아온다네

모처럼 상쾌한 소식 그대 목소리도 맑다

바위섬

수평선 울타리 안에
거센 파도 몰려와도

한 발짝도 물러서지 않는
너는 작은 바위 섬

때때로
성난 바다를
밤을 새워 달래는…

4

동구 밖 느티나무

매화문 백자 항아리

님의 눈길 한 번 닿으면 매화꽃이 피어나고

님의 붓끝 한 번 스치면 맑은 향기 번져가네

양지에 따뜻한 봄도 오솔길을 따라간다

봄이 오는 길목에서

그날 달구벌을 울리던

님들의 우렁찬 함성

짙은 어둠 쓸어내는

빛나는 함성이었다

닦아 논 그 길을 따라

이 강산에 봄이 오네

6월 하늘

오뉴월 먼 산머리 녹음이 짙어 가면

바람은 부지런히 풀밭을 뒤적이고

하늘은 말 한마디 없이 뭉게구름 피운다

얼굴

보고 또 보아도 다시 보고 싶은 얼굴

지우고 또 지워도 다시 떠오르는 얼굴

밤마다 별들이 내려와 잠 안 자고 지키는

동구 밖 느티나무

동구 밖 언덕 위에 한 그루 느티나무

하늘에 잔가지를 내밀고 무슨 답을 구하는가

창문을 흔드는 바람 말 한마디 없구나

누구를 위하여

생각다가 생각다가 빗방울들 뛰어내리나
나뭇가지에 매달리고 바위에 부서지나
산골짝 돌들에 부딪혀 멍이 들어 고이나

눈보라 휘몰아치던 그 모진 바람에도
헐벗은 가지 끝에 먼 소식 기다리나
누군가 창문을 열고 내다보는 기척이여

어디쯤 꽃을 들고 새봄은 서성이나
엄동설한 징검다리 이제 막 건너고 있나
눈꽃을 피우던 가지에 푸른 빛을 보태나

바보새*

큰 날개 옆구리에 차고 어색하게 떠도는 새
폭풍우 거센 날은 폭풍을 끌어안고
긴 날개 늘어뜨리고 비상할 때를 기다리는

바람이 거셀수록 더 당당히 날개 펴고
가장 높이 날아 가장 멀리 세상을 본다
마침내 바람과 함께 꿈을 찾아 날아간다

---

* 주로 북태평양에 서식하는 국제보호새, 알바트로스

장마의 끝자락

개구리 울음소리 들판을 메고 가네

긴 장마 끝자락이 어렴풋이 보이는 날

하늘은 붉게 물들고 강물은 말이 없네

하늘은

초목草木은

한 움큼씩 흙덩이를 움켜잡고

흙먼지는

날아올라 먼 산을 지우지만

하늘은

바람의 발목 잡은 적이 없어라

그곳

한 번 떠나가면

다시는 돌아올 수 없는

꿈길에서나 만날 수 있는

손 내밀면 잡힐 듯한

억새꽃 서걱이는 소리

조각달이 담아 가는…

5

옛 벼루를 어루만지며

매화갱 단연梅花坑 端硯

- 벼루 1

돌 속에 가지가 벋어 매화꽃이 피었습니다

한 생애 지고 나서 또 몇 생애가 저물어도

돌 속의 따뜻한 봄은 떠나가지 않습니다

송수연 단연松壽硯 端硯

- 벼루 3

단단한 돌 속에도 쉬어가는 주막이 있나

어제 진 초승달이 서산머리 떠올라서

소나무 잔가지 끝에 흔들리며 앉아있네

구욕안 단연鴝鵒眼 端硯

- 벼루 4

눈만 남은 구욕새
창밖을 내다보는

무릉에도 지금쯤
봄이 오고 있을까?

고요 속
번지는 향기
벌 나비가 춤춘다

해천욱일연海天旭日硯

- 벼루 5

바다 한 장 끌고 와서

돌 위에다 얹었는데

솟아오르는 해를

용이 와서 품고 있네

그 둘레 온갖 꽃들이

춤을 추며 내리고

흡주 판연歙州 板硯

- 벼루 12

꾸밈없이 고운 얼굴 보드라운 피부 감촉

잔잔한 물결 위에 세상을 휘감는 은하銀河

여기에 또 한 우주가 펼쳐지고 있구나

구욕안 단연鴝鵒眼 端硯 2

- 벼루 13

도화 향기 떠도는 이곳이 무릉 아닌가

백 년 아니 몇 백 년 누구를 기다리나

한 번도 곁눈 팔지 않고 바깥세상 지켜보네

옛 벼루를 어루만지며

그날의 하늘과 땅, 꽃가지 휘감던 바람
맑은 물에 씻고 있던 향기로운 마음씨까지
돌 속에 함께 잠들어 긴긴 세월 건너왔네

그날 우연히 만나 동행하는 돌 속의 길
벼루의 안과 밖이 지척의 거리인데
하는 말 알아듣지 못하고 오고 가지도 못한다

오솔길 따라가면 또 한세상 열려있나
숨겨둔 생각 읽고 무릎을 치는 사람
돌 속에 꽃 같은 마음 다시 묻고 있는가

옛 벼루를 어루만지며 2

한 번 피면 지지 않는 돌 속의 복숭아꽃

맑은 생각 고운 눈짓 향기로 감싸 안았네

자욱한 안개가 걷히면 이곳이 곧 무릉도원

작품 해설

경전에 오르지 않은 바람 읽는 법

민병도(시조시인, 계간 《시조21》발행인)

1

문학에 대한 사전적 의미는 '사상이나 감정을 상상의 힘을 빌려 언어로 표현한 예술' 혹은 '자연 과학이나 사회 과학을 제외한, 문학, 사학, 철학, 심리학 등의 학문을 통틀어 이르는 말'에 해당한다. 이 사전적인 풀이의 핵심은 '사상이나 감정'이라는 전제가 갖는 의미이겠는데 역사 이래로 보편적이고 오랜 이해가 동반하는 가치일 것이다. 당연히 감정에 의한 상상의 힘과 가치 지향성의 상상력은 사람의 의식체계에 국한되어 오늘에 이르고 있다. 그러므로 문학 작품에는 두 가지 측면에서 접근하여 그 지향성에 대한 의의와 작품의 문학성을 비교 평가하는 것이 오랜 관행이다. 말하자면 왜 그 같은 감정과 사상적 상상을 촉발하였는가 하는 문제와 완성된 작품이 지닌 장르적 가치, 언어의 선택역량과 메시지 선택, 시대 의식을 아우르는 독자적 공감대 확보 등과 같은 이분법적 접근이 곧 그것이다.

이 같은 작품 평가의 기준은 오랫동안 작가론과 작품론이 함께 논의되고 상호 보완적인 잣대의 역할을 해왔다. 그런데 근년에 들면서 작가론은 상대적으로 소외되거나 배제되고 작품 자체의 평가에만 치우치는 경향이 지배적이다. 수요와 공급의 논리를 들이댈 필요도 없이 지나치게 과잉 생산된 문인들의 면면이나 사상적 기저를 확인하기도 어렵거니와 발표된 작품 자체만으로도 다면평가가 쉽지 않은 것도 한 원인일 것이다. 그만큼 인쇄 매체 이외에도 다양한 미디어를 통한 발표의 공간이 넘쳐나기 때문이다. 물론 바람 잘 날 없이 거듭되는 표절 시비 또한 무관한 일이 아니다. 문제는 문자의 표피에만 가치를 집중하여 '사상과 감정'의 중심인 정신 건강의 확장이 제한적이라는 점이다.

그런데 여기에 더욱 심각해진 이슈가 하나 추가되어 오늘의 문학이 어디로 가게 될지 많은 관심을 불러일으키고 있다. 바로 문학의 현장에 뛰어든 AI(Artificial Intelligence, 인공지능)가 그것이다. 하나의 가까운 사례로 지난 연초 170회나 이어온 일본의 권위 있는 문학상 가운데 하나인 <아쿠타가와상, 芥川賞> 수상자로 한 젊은 작가의 소설 「도쿄도 동정탑, 東京都同情塔」이 선정되었는데, 문제는 AI(인공지능)가 만든 문장이 5%나 포함되었다는 점인데 전혀 문제가 되지 않았다는 사실에 있다.

이 사례에서 보듯이 저장된 과거의 지식 가운데서 조합한 기계의 논리적 문장이, 사람의 지혜를 바탕으로 한 미래지향적 가치 추구의 감성과 동등한 지위에 올랐다는 사실은 매우 흥미 있는 주목거리가 아닐 수 없다. 더욱이 짧은 문장의 시조나 시에서라면 그 파장이 심각할 수 있는 파괴력을 지닌다. 문학 작품에 문장만 남고 작가나 시인이 사라져도 문학은 예의 그 공감대와 영예를 지닐 수 있을까 하는 의문이 남는 대목이다.

2

노중석 시인의 경우 그의 시조가 보여주는 문장으로만 만날 수 있는 예인이 아니다. 우선 그의 이력으로 만날 수 있는 첫 번째 관심 분야인 시조뿐만 아니라 서예 장르에서의 성취 또한 독보적인 경력의 소유자이다. 게다가 교육자의 길에 일생을 바쳤고 학문 분야에도 정진하여 만년에 한문학 박사학위까지 받은 인물이기 때문이다.

그가 시조에 입문했을 때가 <창호지>라는 시조 동아리를 결성한 1967년이라는 점에서 보면 60년에 가까운 세월이다. 70년대 초에는 서신을 통하여 이영도 선생의 지도를 받기도 하고 민족시 백일장 장원(1977년), 동아일보 신춘문예 가작(1978년), 서울신문 신춘문예 당선(1983년)에 이르는 탄탄한 습작 과정만 보아도 시조에 대한 그의 진정성을 충분히 확인하고도 남는다. 한편 서예 분야의 이력 역시 거의 비슷한 시기에 시작하여 대한민국 서예대전 초대작가가 되고 각종 서예대전의 운영과 심사를 도맡을 정도로 독자적 입지를 구축하였다. 분명한 것은 그 같은 삶의 이력을 지탱해준 다양한 도전과 실천에는 그에 걸맞은 정신의 깊이와 가치의 지향점이 있었을 터이다. 치열하고 단호한 그 정신건강을 이해하지 않고 문장의 표면만 읽는다면 노중석의 감정과 사상의 메시지를 제대로 공감하기가 어렵다.

노중석 시인은 지금까지 『비사벌 시초詩抄』, 『하늘다람쥐』, 『꿈틀대는 적막』 등 세 권의 시조집을 출간하였다. 『하늘다람쥐』가 선집임을 고려하면 이번 시조집이 세 번째인데, 시력에 비하면 결코 다작의 시인은 아니다. 첫 시조집에서는 '빛'에 대한 다양한 해석을 내놓았고 둘째 시조집에서는 '인연'의 소중함을 소담하게 담아냈다고 본다면 일별해본 이번 시조집에서는 '바람'에 대한 탐구가 두드러진다.

이제 저자의 편집 의도를 헤아려 순서대로 그가 접한 바람에의 진단과 처방에 귀를 기울여 보자.

> 깊고 깊은 지리산 인간 세상 등진 골짜기
> 흐르는 맑은 물에 바위가 귀를 씻는다
> 물소리 산을 흔들어도 말 한마디 없다

욕심에 오염된 물 어찌 입을 더럽히랴
상류로 올라가서 맑은 물을 마시는 바위
봄이 와 꽃 잔치를 벌여도 일어설 줄 모른다

물속에 자맥질 한 돌, 발목만 적시는 돌
칠선七仙계곡 굽이굽이 바위 곁에 모여들어
큰 바위 침묵의 말씀 귀 기울여 듣는다

-「침묵의 말씀」 전문

외형적으로는 지리산 칠선계곡에서 물소리를 일으키는 바위의 존재에 대한 성찰이 핵심인 현장 시편이다. 어쩌면 그칠 줄 모르는 물소리에서 답을 구하지 않고 침묵으로 일관하는 바위를 통해서 답을 듣는 자세가 시인 노중석의 참모습이 아닐까 싶다. 그러면서도 굳이 독자에게 전달하고자 하는 메시지를 드러내지 않고 본인이 "귀 기울여 듣는" 것으로 마무리하여 독자의 적극적인 동참을 유도하고 있다.

구성적으로 보면 첫수에서는 "인간 세상 등진 골짜기"인 지리산 깊은 계곡 맑은 물에 귀를 씻는 바위를 발견하고 “산을 흔들” 정도의 물소리에도 “말 한마디 없”는 바위에 대한 외경심을 표현하고 있다. 둘째 수에서는 그런 까닭을 찾다 보니 “욕심에 오염된 물”에 “입을 더럽히”지 않기 위해서 “상류로 올라가서 맑은 물을 마시는 바위”라는 것을 알게 된다. 계절은 “봄이 와 꽃 잔치를 벌여도 일어설 줄 모”르는 바위, 이는 시적 화자, 곧 노중석 자신이다. 그런데 “물속에 자맥질 한 돌, 발목만 적시는 돌”들은 ‘어디서 자기중심을 지키는 득의에 이른 것일까’라는 의문을 만나게 된다. 여러 사색과 사유의 과정을 통해 마침내 “큰 바위 침묵의 말씀 귀 기울여 듣”기 때문이라는 사실을 깨닫게 된다는 메시지가 마지막 수의 결론이다.

침묵은 말의 편이 아니고 붓의 편이다. 침묵은 또한 조급함이 아니라 기다림의 편이요, 소리 내어 흐르는 강의 편이 아니라 산이 지닌 기다림의 편이다. 그러기에 말은 3년이면 배우지만 침묵은 평생 배워야 닿을 수 있다고 하였다. 일상에서의 하고많은 말들의 충돌과 가짜 뉴스에서 입은 상처를 치유하기 위해서는 존재의 위의威儀나 진실에의 접근이 우선이라는, 시인의 가치관이 담긴 작품이다.

까마득히 먼 하늘
어디엔가 숨었다가

온몸이 부서져
함박눈 내리는 날도

새의 길
바람의 길을
다시 걸어 놓았네

-「허공」 전문

삶에 있어서 하루도 접하지 않고 피할 수 없는 '허공', 너무나도 식상할 것 같은 소재의 소품이지만 시인의 우주관을 엿볼 수 있는 작품이다. 초장의 "까마득히 먼 하늘"만 보아도 '까마득히'나 '먼'이 갖는 의미는 "허공"이 갖는 공간의 개념이 아니라 시간의 개념과 "어디엔가"가 지닌 공간의 개념을 동시에 열어놓았다. 중장의

"온몸이 부서져/ 함박눈 내리는" 모습의 발견도 시간의 소멸에 따라 잃어버리는 일상의 꿈과 다르지 않은 은유의 표현이다.

그런데 그 찰나적 과정의 삽화 같은 표현에도 불구하고 종장의 잠언적 화두는 시적 공간을 충분히 확장해 놓고 있다. 허공은 무위의 영역이지만 여기서는 "새의 길/ 바람의 길을/ 다시 걸어 놓았네"라고 표현하여 인위 내지 유위有爲의 인과관계로 치환해 놓은 것이다. '새의 길'은 생명, 즉 유의의 길이요, '바람의 길'은 섭리, 즉 무위의 길이다. 이 두 가지 상대적 개념의 가치를 한데 아우르는 자연의 질서를 공유하고자 한 작품이다.

발 디딜 땅이 없어 살얼음판 걷던 시절
신들린 붓놀림에 풀어낸 한 폭 풍경
아직도 병풍 속에는 칼바람이 불고 있나

외로이 등불을 켜도 창밖에는 짙은 어둠
뼈를 깎는 아픔이라도 운명인 양 짊어지고
청아한 거문고 소리 새벽빛을 받았거니

눈을 감고 먹을 갈면 홍건하게 고이는 울분

사무치는 외로움 마디마디 채워 넣고

황량한 들판을 적시던 꽃보다도 붉은 생애

- 「묵죽도墨竹圖」 전문

대나무는 매화, 난초, 국화와 더불어 사군자로 비유되어 문인 묵객들에 의해 많은 사랑을 받았다. 사군자 가운데서도 사철 푸르고 곧게 자라는 특성 때문에 지조와 절개의 상징으로 인식되어 특히 사대부들에 의해 군자의 상징으로 애호되었다. 게다가 채색이 아닌 먹으로만 완성하는 묵죽도墨竹圖는 그림에만 머물지 않고 도道와 법法을 구하는 수양의 방편이 되어 높은 품격으로 여겨졌다. 조선조 도화서의 화원 채용 시험에서 대나무가 가장 높은 등급의 화제畵題였다는 사실이 이를 뒷받침하고 있다.

이 작품에서는 먹으로 그린 대나무 그림 한 장의 시각적 감상을 넘어 「묵죽도」가 탄생한 시대적 배경과 그에 따르는 게 공명정대하지 못한 사회상을 읽어내고 있다. 권력이라는 이름의 폭력 앞에 "발 디딜 땅이 없어 살얼음판 건던 시절"에 마음을 달랠 곳 없어 미치지 않고는 살아남을 수 없어 "신들린 붓놀림에 풀어낸 한 폭 풍경"이니 오죽하였겠는가. 시인은 여기에 덧붙여 그 무소불위의 불평등과 불공정 시절에서의 승자는 아직도 그 힘을 지키고 있는지를 묻는 것으로 첫수를 매듭짓는다.

둘째 수에서도 그 묵죽도에 매달렸던 정신적인 갈등과 울분에서 쉽사리 풀려나지 못한다. 아니 풀려나지 못해서가 아니라 그 엄혹했던 시절에 대한 연민을 가슴으로 품는다. "외로이 등불을 켜도 창밖에는 짙은 어둠/ 뼈를 깎는 아픔이라도 운명인 양 짊어지고" 살아남고자 한 긴긴밤은 결국 "청아한 거문고 소리"를 벗 삼지 않을 수 없고 "새벽빛을 받"고 나서야 또 하루를 이겨내고 있다. 눈을 뜨고 맑은 정신으로는 견뎌내지 못할 오랜 밤을 차라리 "눈을 감고 먹을 갈면 흥건하게 고이는 울분"을 훔칠 수나 있었으니 말이다. 그러니 그 모함과 배신으로 점철된 청운의 꿈이 겪었을 "사무치는 외로움 마디마디 채워 넣고" "황량한 들판" 같은 화선지를 점령해 나가는 고통의 시대를 살다간 "꽃보다도 붉은 생애"가 아니던가. 먹그림 한 장에서 읽어내는 시대의 질곡이 너무도 깊고 처연하지만, 독자는 그것을 읽어내는 시인의 깊은 사색에 옷깃을 여미게 된다.

3

앞에서 노중석 시인의 차별화된 생각과 이념, 가치에 먼저 부합하는 몇 작품을 읽어보았다. 그럼에도 작품에서 자기 생각을 주장하거나 강요하는 느낌이 없었다는 점에 주목하고 싶다. 어쩌면 그것은 그가 시작에서 특별히 주제를 염두에 둔 목적성 시조를 쓰는 것이 아니라 생활 일상에서 관찰하고 사색하는 가운데 얻는 시적 동기라는 반증으로 이해할 수 있다. 어떤 소재나 사건을 대하더라도 항상 일정한 규범 안에서 분석하고 재해석하여 감정의 치우침을 제어하기 때문이다. 그 같은 생각의 기저에는 오랜 공부에서 얻은 장자莊子적 시각과 노자老子의 도가적 안목에서 세상을 바라보는 시인의 일관된 가치지향이 작용하였을 터이다.

흙탕물 같은 하루

흘러가는 강 언덕에

달맞이꽃 몇 송이
무슨 비밀 속삭이나

하늘엔
초승달이 나와서
귀 기울여 듣고 있네

-「산책길 단상」 전문

이번 시조집에도 이 작품처럼 단수의 작품들이 많이 보인다. 그리고 그 소재들이 일상에서 흔하게 접할 수 있는 것들이 대부분이다. 그러면서도 그냥 아무런 가치질서의 발견 없이 자기감정의 해소로만 활용한 시편들과는 궤를 달리하고 있다.

시를 구성하고 있는 요소는 극히 단순하다. '강 언덕'과 '달맞이꽃'과 '초승달'이 전부로 작은 크기의 풍경스케치와 다름이 없다. 그런데 이 흔하디흔한 소재들이 시가 되도록 만든 데는 시인의 자연관이 작용하고 있다. 초장의 "강 언덕에"는 보편적 섭리 위에 "흙탕물 같은 하루"가 "흘러가는" 일상을 중첩함으로써 자연의 순리와 손을 잡았다. 중장의 "달맞이꽃 몇 송이/ 무슨 비밀 속삭이나"에 오면 흔하게 핀 야생화에게 시인의 마음 체계와 일체화된 은유로 유식唯識의 의미를 확장시킨다. 그런데 종장에서는 한 걸음 더 나아가 "하늘엔/ 초승달이 나와서/ 귀 기울여 듣고 있"다는 논지로 『도덕경』의 '인법지人法地, 지법천地法天, 천법도天法道, 도법자연道法自然'이 말하는 우주관으로 귀결 지워 놓았다. 말하자면 사람의 마음으로 꽃을 사람과 동일시하고 하늘의 초승달까지 하나로 소통하는 질서를 담아낸 것이다. 아무리 작고 하찮아 보이는 존재라 할지라도 한결같이 우주의 질서 안에서 독자적인 의미를 지니고 있다는 생각을 담은 작품이다.

이런 우주관이 다음 작품에서도 그대로 이어진다.

말발굽 소리도 없이 허공을 달려간 천마天馬
그 길에 벚꽃 살구꽃 꽃구름이 일어나네
화창한 사월 한낮에 봄 내음을 흩어 놓고

직지사 벚꽃길 꽃들의 속삭임을

옥색 하늘 한 자락이 말 없이 듣고 있네

그 길에 누군가 와서 차곡차곡 고요를 쌓고

-「사월 한낮」 전문

여기서도 사람이 사는 땅과 천마天馬가 달리는 하늘이 다르지 않고 사람과 꽃의 습생에 차이가 없다. 계절이 펼치는 한순간의 모습이 곧 영원의 구성 요소이자 "화창한 사월 한낮에 봄 내음을 흩어 놓"는 기운의 상승과 "그 길에 누군가 와서 차곡차곡 고요를 쌓"는 행위가 둘이 아니다. 이처럼 과학 선생이었던 노중석이 마주하는 현상계는 우주의 질서를 이끄는 철리哲理에 깊이 잇대어 있다.

풀잎들이 밤새도록 바람을 뒤적이더니

반짝이는 말씀들이 들판에 가득하네

누군가 은하를 끌고 산모롱일 돌아가고

-「아침 들판」 전문

이번 시조집에서는 유독 '바람'과 관련한 작품들이 많이 보인다. 전체 작품 가운데 26편에서 '바람'이라는 단어가 올려져 있다. 어쩌면 이번 시조집을 가히 '바람'을 통한 섭리의 진단이라고 할 만하다. 바람은 '기압의 변화에 따른 공기의 흐름'이 사전적 의미이지만 사람들이 일상에서 갖는 느낌은 그렇게 단순하지만은 않다. 그 세기와 타이밍, 위치와 지속성 등에 따라서 정지적 환경의 변화를 이끌고 있기 때문이다. 흙과 물과 햇빛과 밤낮이 갖는 요소와 함께 생명 활동의 중요한 요소이지만 노중석이 만난 바람은 마치 대형 컴퓨터라는 하드웨어에 장착된 다양한 소프트웨어에 다름이 아니다.

풀잎을 흔들거나 뒤적이는 것이 바람인데 여기서는 "풀잎들이 밤새도록 바람을 뒤적"인다는 역설적 표현을 썼다. 사람의 느낌으로 치환할 수 있는 질서의 힘을 소환한 것이다. "반짝이는 말씀들이 들판에 가득"한데 "누군가 은하를 끌고 산모롱일 돌아가"는 꿈속의 그림 한 장이 펼쳐져 있다. 과연 한 사람의 생각과 노력으로 이러한 바람이 현실화할 수 있을까. 어쩌면 동시조에서나 읽을 법한 상상의 공간이면서도 직유의 표현 없이 은유의 오묘한 깊이를 행간마다 올려두었다.

4

노중석은 앞서 언급했듯이 일가를 이룬 서예가이기도 하다. 더하여 품격 높은 벼루를 골라 수집해온 벼루 소장가이기도 하다. 의당 종이와 붓, 먹과 벼루를 일컫는 문방사우에 대한 애정과 식견이 남다르다. 동양사상의 가치를 전승해온 이들 가운데 상대적으로 수명이 오래고 다양한 시대 미의식을 담아온 벼루에 관심을 집중해왔다는 사실은 그가 지닌 미의식의 일단을 짐작할 수 있을 것이다.

①

돌 속에 가지가 벋어 매화꽃이 피었습니다

한 생애 지고 나서 또 몇 생애가 저물어도

돌 속의 따뜻한 봄은 떠나가지 않습니다

-「매화갱 단연梅花坑 端硯」 전문

②

단단한 돌 속에도 쉬어가는 주막이 있나

어제 진 초승달이 서산머리 떠올라서

소나무 잔가지 끝에 흔들리며 앉아있네

-「송수연 단연松壽硯 端硯」 전문

우리는 작품 ①과 ②를 통해 그 벼루를 사용한 사람의 자세와 지향하는 미학적 가치를 유추해 볼 수가 있다.

여기서 '단연'이라고 하는 것은 '단계연端溪硯'의 약칭으로 단계연은 중국 광동성 <짜오칭>에서 생산되는 명연이다. 단주端州지방의 서강의 지류인 단계端溪 일대에서 연석이 채굴되어 제작되었는데 적어도 1,300년이 넘는 역사를 지니고 있다. 또한 채석한 장소에 따라 난가산 일대의 노갱수암老坑水岩, 마자갱麻子坑, 녹단갱綠端坑 등이 있고 북령산北嶺山 일대의 송갱宋坑, 매화갱梅花坑 등 벼루생산지가 확대되었다. 이 같은 단계연의 특징은 우수한 석질과 아름다운 석품화문石品花紋을 꼽을 수 있어 중국 4대 명연名硯 중의 최고로 손꼽혔다.

두 작품 모두 벼루 돌의 표면에 드러난 문양에 새로운 생명을 불어넣어 또 다른 우주를 만나고 있다. 작품 ①에서는 '혹한을 견디고 나서야 맑은 향기를 발산한다'(梅經寒苦發淸香, 『詩經』)는 매화를 발견하고 이내 낙화해버리는 현상계와는 다른 "돌 속의 따뜻한 봄"을 만나고 작품 ②에서는 "소나무 잔가지 끝에 흔들리며 앉아있"는 "어제 진 초승달"을 만남으로써 자연의 섭리에 따르는 변화에서 벗어난 영성靈性을 읽어내고 있다. 비록 상상력의 형상화이지만 "단단한 돌 속에도 쉬어가는 주막이 있나"라는 행간에 얹힌 스토리 구성과 "어제 진 초승달이 서산머리 떠올라서"와 같은 시공간의 확장은 오랜 기간 붓을 잡고 무수한 화선지 위를 경작한 예인이 아니면 만나기 어려운 발상이다.

소장한 벼루를 소재로 다룬 나머지 작품들도 하나같이 비슷한 듯 다른 각도의 사색과 상상의 색조를 입혀 과연 명품 벼루의 수집가다운 면모를 보여주었다. 여기에 더하여 노중석이 평소에 벼루 앞에서 어떤 모습인가를 보여주는 작품을 한 편 만나보자.

그날의 하늘과 땅, 꽃가지 휘감던 바람
맑은 물에 씻고 있던 향기로운 마음씨까지
돌 속에 함께 잠들어 긴긴 세월 건너왔네

그날 우연히 만나 동행하는 돌 속의 길
벼루의 안과 밖이 지척의 거리인데
하는 말 알아듣지 못하고 오고 가지도 못한다

오솔길 따라가면 또 한세상 열려있나
숨겨둔 생각 읽고 무릎을 치는 사람
돌 속에 꽃 같은 마음 다시 묻고 있는가

-「옛 벼루를 어루만지며」 전문

이 시조의 행간에서 읽을 수 있는 벼루는 그냥 좋은 돌이 아니다. 자연의 질서에 의한 오랜 시간과 공간의 순리적인 교호작용에 의해 형성된 우주의 축소판이다. 그렇다. 단순한 광물질인 돌덩이 하나에 불과하지만 수억만 년의 변화와 자정 노력의 결과물이다.

그 속에 "그날의 하늘과 땅, 꽃가지 휘감던 바람"마

저 깃들어 있고 "맑은 물에 씻고 있던 향기로운 마음씨까지/ 돌 속에 함께 잠들어" 있으니 어찌 생명체는 아니라 할지라도 그 형성의 내력과 오랜 시간에 적응해 온 변화 과정마저 어찌 부정하랴. 그리고 벼루와의 만남이 갖는 인연에 감사하면서도 자연의 질서와 인간의 감정 사이를 가로막고 있는 치환 불가의 현실을 안타까워하면서 둘째 수를 마무리하고 있다. 그리고 마지막 수에 와서는 벼루에 남아 있는 문양, 그 가운데서도 길이 지닌 영원불변의 진리를 뒤늦게 발견하고 "무릎을 치는 사람"을 대비시켜 절대적 가치를 높여 놓았다. 상대적으로 인간이 가지는 힘의 질량과 자연의 무량한 힘과 시간에 대한 시인의 외경감이 두드러진 작품이다. 더하여 독자들을 향해 "돌 속에 꽃 같은 마음 다시 묻고 있는"지를 물음으로써 이러한 인식에의 동참을 이끌고 있기도 하다.

5

어쩌면 칼보다 날카롭고 천둥보다 우렁찬 침묵으로 시대와 시대 의식을 증언하는 붓을 평생의 반려로 살아온 노중석의 안목에 접근하는 소재 또한 적잖은 공통점을 지니기 마련이다. 그 가운데서도 두드러진 작품 두 편만 함께 읽어보자.

한 획 한 글자도 새겨 넣기 두려워서
아득한 세월 속에 비문碑文 없이 세운 비석
돌 속에 숨은 글자가 침묵으로 웅변하네

지극히 청백한 삶 누累가 될까 염려하여
산새들은 이곳에 와 맑고 곱게 노래하고
달빛은 말없이 앉았다 흔적 없이 떠나가네

-「백비白碑 앞에서」 전문

단어 자체에 나타나 있듯이 '백비白碑'는 글자를 새기지 않은 비석을 말한다. 비석이 사건이나 사람의 행적을 남기거나 업적을 알리기 위하여 새우는 돌인데 거기에 아무런 흔적을 남기지 않는다는 사실은 예사로운 일이 아니다. 따라서 좁은 돌의 표면에 새겨서 기록하기에는 공적이 너무 광범위하거나 문자 몇 개로 담아내기 어려운 청백리의 품격을 높여 받드는 상징적인 예우의 한 방편이었다. 내용 가운데 "지극히 청백한 삶"이 나오는 것으로 봐서 장례비용이 없어 임금이 장례비용을 대고 백비를 세운 장성의 박수량 무덤의 비석이 연상되는데 딱히 누구에게 한정되는 접근은 아니다.

여기서 주목할 부분은 진리와 진실은 몇 마디 말로 전달되거나 몇 글자 안에 갇힐 수 없다는 사실이다. 대부분 사람은 소리로 전해지고 글자로 남아 있는 사실에 매몰되기에 십상이나 조금만 시간을 넓혀서 접근하면 진실은 말을 넘어서고 글자를 초월한다는 사실을 알게 된다. 여기에는 다분히 시간을 대하는 자세가 바탕이다. 참으로 존귀한 것들, 이를테면 공기, 햇빛, 물, 바람과 같은 생명의 절대적 요소들이 순간순간 호가呼價하지 않듯이 참으로 귀한 삶의 흔적은 그 존재 자체만으로도 비교 불가의 가치라 할 것이다.

몇 마디 말로 좌중을 흔들려고 하고 서푼짜리도 안되는 권력이나 힘으로 세상의 순리, 자연의 질서를 흩트려버리는 오늘날의 과도한 패권 지상주의에 대한 경종이 아닐 수 없다. 함부로 비루한 생각을 담아 써넣은 글자가 되레 "지극히 청백한 삶 누累가 될" 뿐이기에 "산새들은 이곳에 와 맑고 곱게 노래하고/ 달빛은 말없이 앉았다" 떠나가는 성역으로 설정해 두었다. 따라서 여기에 등장하는 "산새"와 "달빛"이 곧 시인 노중석의 마음이다.

시인 자신의 심상과 자신의 모습을 대변할 수 있는 상징물은 다음의 작품에서도 엿볼 수 있다.

수평선 울타리 안에
거센 파도 몰려와도

한 발짝도 물러서지 않는
너는 작은 바위 섬

때때로
성난 바다를
밤을 새워 달래는…

-「바위섬」 전문

"때때로/ 성난 바다를/ 밤을 새워 달래는…" "작은 바위섬"은 바로 노중석 자신이다. 행간에 올린 공간구조로만 보면 바다 한쪽에 서 있는 작은 바위섬일 뿐이다. 그 구도 안에는 멀리 수평선이 보이고 "거센 파도 몰려와도// 한 발짝도 물러서지 않는" 작은 바위섬이 하나 놓여 있을 따름이다. 그런데 그 작은 바위섬을 '내'가 아닌 '너'라고 관계설정을 해 두었다. '나'라고 치환하면 직접적인 독백의 범주에 갇히게 되지만 '너'라고 견지자적 자세를 선택하면 대상이 보다 보편화하고 객관화되기 때문이다. 바위섬을 중심으로 보면 수평선이 울타리이겠지만 시인을 중심에서 보면 자연의 섭리나 우주의 철리哲理가 범주요 울타리이다.

공교롭게도 이 두 가지 비교 대상에는 언제나 "거센 파도 몰려"오고 지난한 삶의 숙제가 거듭된다. 하지만 이런 상황은 섭리라는 자생과 자존의 환경일 따름이지 목적성 강탈의 개념이 아니기에 극복, 혹은 공존의 대상일 뿐이다. 따라서 "한 발짝도 물러서지 않"고 오히려 "성난 바다를/ 밤을 새워 달래"는 성자 내지 절대자의 자세로 돌아간다. '외유내강'이라고 하였던가. 철저하게 자신의 가치관과 철학을 갈구해온 시인 노중석의 참모습이 그대로 나타나 있다.

6

지금까지 노중석 시인의 작품들을 첫 독자로서 일별해보았다. 사실 필자는 노중석 시인을 만나 예술적 교감을 나눈 시간이 50년에 가깝다. <낙강>이라는 영남시조문학회에서, <오류동인>으로서, 계간《시조 21》편집위원으로서, 이호우·이영도문학기념회 운영위원 등의 문단과 화단에서 가장 가까이 생각을 나누고 의식을 교감해온 터이기 때문이다. 그런데도 이번 시조집을 읽으면서 '나는 아직도 노중석 시인의 웅숭 깊은 철학을 제대로 알지 못하고 있었구나' 싶은 생각을 지울 수가 없었다. 동양의 고전인 '노장老莊'에 심취해 있는가 싶으면 현대적 가치와 감성에 깊어 있고 그저 꽃이나 풀을 노래하는가 싶으면 그 꽃과 풀을 일으켜 세우는 바람과 햇빛과 물과 흙이라는 근원의 의미를 일깨워 주기 때문이다. 그만큼 시조에 대한 질서 의식이 정연하면서도 그의 시선이 닿는 곳마다 우주의 섭리를 읽는 다양한 탐침

렌즈가 작동하고 있다.

그의 시어 앞에 눈을 감으면 달빛이 그려내는 봉창의 대나무 그림자가 보이고 단계연 먹물에 잠긴 채 벙그는 설중매 꽃망울이 보인다. 그의 행간에 귀를 대면 연잎에 구르는 밤 빗소리 들리고 안개 속을 뚫고 들려오는 새벽 물소리가 들린다. 그의 시조에서는 화려한 꽃이 아니라 꽃 피울 흙을 만날 수 있고 줄지어 날아가는 기러기 떼가 아니라 기러기가 날아갈 하늘을 만날 수 있다. 따라서 그의 시조는 섣부른 글자가 함부로 오르지 못한 빗돌이요, 어기찬 바람 앞에 잎을 떨구고 선 겨울나무의 품새다. 그러기에 노중석의 시조는 행간에 올려진 단어나 음보 안에서만 이해하려고 든다면 전달하고자 하는 메시지를 놓치기가 십상이다. 필생의 노력으로 닿고자 한 사람다운 쓰임에 대한 그의 철학과 실천 의지, 사상적 지평을 가늠하지 않고는 껍데기만 보고 속을 짐작하는 것에 불과하기 때문이다. 따라서 사람은 보지 않고 문장의 행간에만 집착하는 요즘의 세태라면 그 깊이와 메시지가 지닌 상징성을 곱씹어봐야 할 대목이다. 다만 예리한 직관력과 날카로운 분석력, 목표지향적 실천덕목으로 상징되던 과거의 모습들에 비해 이번 시조집에서 다뤄진 소재와 주제 의식은 상당 부분 비우고 물러나서 바라보는 정관靜觀적 은유라는 점에서 살펴볼 필요가 있다.

백비白碑 앞에서

지은이 | 노중석
펴낸이 | 유재영 · 유정융
펴낸곳 | 주식회사 동학사

1판 1쇄 · 2024년 8월 13일
출판등록 · 1987년 11월 27일 제10-149

주소 · 04083 서울 마포구 토정로 53 (합정동)
전화 · 324-6130, 324-6131 | 팩스 · 324-6135
E-메일 | dhsbook@hanmail.net
홈페이지 | www.donghaksa.co.kr
www.green-home.co.kr

ISBN 978-89-7190-889-1 03810